W0311323

Keilrahmen mal ganz anders

Hallo, alle Malermeister und -meisterinnen! Mit Begeisterung und detektivischem Spürsinn haben wir uns in der Menschenwelt, vor allem aber im Tierreich umgeschaut und dabei wahrlich kuriose Einblicke gewonnen: Sehen Sie selbst, welche spannenden Situationen wir durchs Schlüsselloch beobachtet oder unter die Lupe genommen haben!

Um die Motive so richtig „entgegenkommend" zur Geltung zu bringen, haben wir neben bemalten Keilrahmen auch dünnes Sperrholz verwendet. Das ergibt eine Kombination mit raffiniertem 3D-Effekt!

Falls Sie lieber ohne Holz arbeiten – kein Problem: Einfach sämtliche Ebenen bzw. Konturen auf den Keilrahmen übertragen und ausmalen. Ein Hingucker an der Wand ist auf alle Fälle garantiert. Und zum Verschenken sind die Bilder wie geschaffen.

Viel Spaß beim Werkeln und Schmunzeln wünschen

Heike Roland   Stefanie Thomas

MATERIALIEN UND WERKZEUGE

- Keilrahmen in verschiedenen Größen
- Sperrholz, 4 mm stark
- Acrylfarbe in verschiedenen Farbtönen (oder Dispersionsfarbe und Acryllack)
- Permanentmarker in Schwarz und Rot
- Lackmalstifte in Weiß, Rot und Orange
- Pinsel Nr. 2 bis 20
- Mischpalette (oder weißer Porzellanteller)
- Wasserglas
- Mallappen
- Transparentpapier
- Kohlepapier
- Laub- oder Dekupiersäge
- Bohrer, ø 8 mm
- Schmirgelpapier,180er- oder 240er-Körnung
- UHU Alleskleber kraft
- Klebefilm
- Bleistift
- Radiergummi
- Schere
- evtl. Cutter mit geeigneter Schneideunterlage

So geht es

Keilrahmen

Die Größe des benötigten Keilrahmens richtet sich nach dem ausgewählten Modell. Das Maltuch sollte um den Holzrahmen herumgezogen und auf der Rückseite gut fixiert sein; Nägel oder Heftklammern im Rand wirken störend bei Bildern, die nicht gerahmt werden. Das Maltuch sollte aus grundiertem, trommelhart gespanntem Baumwoll- oder Leinengewebe sein, und der Rahmen – mit Keilen in den Ecken – darf sich nicht verziehen. Manchmal haben die Keilrahmen nicht exakt das beschriebene Maß. Also nachmessen! Immer zuerst die Vorlagen für das bzw. die Sperrholzteil(e) auf den Rahmen legen und ggf. am Rand leicht verlängern bzw. kürzen. Die meisten Holzteile müssen später bündig mit dem Rand aufgeklebt werden, deshalb dürfen sie nicht zu klein oder zu groß sein!
Statt eines Keilrahmens kann auch Acrylkarton bzw. Malpappe verwendet werden: Es gibt sie in den verschiedensten Größen, vergleichbar mit den Maßen von Keilrahmen. Sie werden im Handel recht günstig angeboten.

Sperrholz

Motive, die für den 3D-Effekt auf den Keilrahmen geklebt werden, sägt man gemäß Vorlagenbogen mit der Laub- oder Dekupiersäge aus, glättet sie dann mit Schmirgelpapier und befreit sie schließlich vom Holzstaub. Erst dann werden sie bemalt.
Wer nicht mit Holz und Säge arbeiten möchte: Anstelle von Sperrholz eignen sich auch spezielle Dekorationsplatten aus Chromoersatzkarton mit einem Hartschaumkern (z. B. Depafit®). Das Material lässt sich leicht mit einem Cutter schneiden.

Acrylfarben

Lassen Sie sich im Fachhandel beraten: Sie brauchen vorerst keine teuren, hochwertigen Künstlerfarben, aber doch Farben in guter, preiswerter Qualität. Acrylfarben sind in den verschiedensten Farbtönen erhältlich, können untereinander gemischt werden und sind zunächst wasserlöslich. Je nach Farbton bzw. Fabrikat unterscheidet sich ihre Deckkraft: von opak bis nahezu transparent. Wenn das Wasser vollständig verdunstet ist, bleibt ein was-

serunlöslicher Farbfilm auf der Malfläche zurück. Acrylfarbe trocknet relativ schnell: je nach Fabrikat, Zimmertemperatur und Farbauftrag innerhalb von einigen Minuten bis zu einer Stunde.
Die Farbe sollte mit dem Pinsel gut „in die Leinwand gestrichen" werden, damit später nicht etwa bei zu dickem Farbauftrag ein paar Partikel abblättern. Es kommt vor, dass sich die oberste Farbschicht etwas löst, wenn man mit dem Pinsel noch einmal darüber streicht. Abhilfe schafft ein bisschen Wasser, das vermalt wird, dann verbinden sich die Partikel mit dem Untergrund.
Beim Bemalen des Hintergrundes die Richtung der Pinselführung beliebig wechseln, damit keine weißen Stellen bleiben, jedoch in der obersten Schicht den Pinsel ausschließlich waagrecht führen; Schlieren und Farbverläufe in Hell bzw. Dunkel auftragen.

Farben mischen

Generell wird mit Mischfarben gearbeitet. Es wird (auf der Palette oder einem weißen Teller) immer von hell nach dunkel gemischt, also wenig dunkle Farbe zur helleren Farbe hinzugefügt, nicht umgekehrt! Man braucht sonst eine viel zu große Menge heller Farbe, um die dunkle aufzuhellen.
Mit der Nass-in-Nass-Technik direkt auf der Leinwand werden interessante Farbübergänge geschaffen: Die Basisfarbe zuerst auftragen und dann möglichst zügig einen helleren oder dunkleren Ton aufstreichen. Vorsicht beim Hinzufügen dunkler Töne: Lieber bei Bedarf ein zweites Mal dunkle Farbe auftragen als gleich beim ersten Mal zu viel!

Kleine Lichtreflexe werden mit einer jeweils helleren Farbe in die dunklere eingearbeitet: Dafür den ergänzenden Ton direkt auf dem Keilrahmen oder Sperrholz nass-in-nass in die noch feuchte Farbe streichen, aber nicht völlig vermischen. So wirken die Oberflächen lebendiger, als wenn sie in einem unifarbenen, auf der Palette vollständig vermischten Farbton angelegt werden.
(Cyan-)Blau, (Magenta-)Rot und Gelb sind Grundfarben, aus denen sämtliche andere Farben gemischt werden können. Durch Mischung von zwei Grundfarben (siehe Farbmischtabelle, Seite 4) entstehen die Sekundärfarben Violett (Blau + Rot), Orange (Rot + Gelb) und Grün (Gelb + Blau).
Farben werden „weicher" gemacht, indem man eine Farbe von etwas dunklerer Nuance einarbeitet. Weiß wird z. B. durch Gelb oder Braun die Härte genommen; deshalb immer mit einem Klecks Gelb oder Braun mischen.
Mit Weiß werden Farben aufgehellt – viel Weiß führt dazu, dass Farben sich dem Pastellton-Charakter nähern.
Schwarz dunkelt andere Farben. Vorsicht! Schon ein kleiner Klecks Schwarz reicht aus, um einen Farbton relativ stark zu verändern!
Hautfarbe wird aus Weiß mit etwas Gelb und sehr wenig Rot gemischt. Je höher der Rotanteil, desto mehr nähert sich der Ton einem „Schweinchenrosa".
Für den 3D Effekt beachten: Die Farbe wenige Millimeter so über die Kontur hinaus auftragen, dass

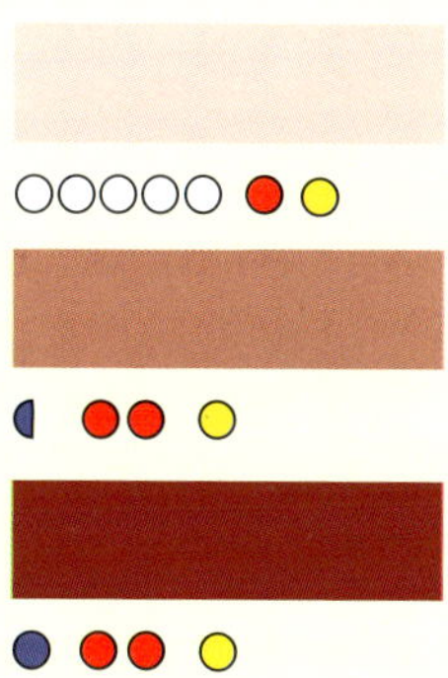

unter dem aufgeklebten Sperrholz nirgendwo ein weißer Rand hervorblitzt!
Den Rand des Keilrahmens immer in der jeweiligen Hintergrund- oder Motivfarbe mit bemalen, um (ohne einen Bilderrahmen) ein dekoratives Ergebnis zu erhalten.

Pinsel

Je nach Geschmack und Übung bzw. je nach Größe der zu bemalenden Fläche sollten die Pinselstärken für das einzelne Modell gewählt werden. Für den Hintergrund eignet sich ein breiter Pinsel, oft sogar Nr. 20. Die Motive werden mit dünneren Pinseln – zwischen Nr. 6 und Nr. 12 – gemalt. Bei feinen Stellen greift man zu Nr. 2 bis 4.
Je gleichmäßiger der Farbauftrag werden soll, desto weicher sollte das Pinselhaar sein. Sichtbare Pinselstriche erreicht man mit Borstenpinseln. Gereinigt werden die Pinsel mit reichlich Wasser, evtl. zusätzlich mit milder Seife. Falls ein Pinsel mit Farbe versehentlich zu lange liegen geblieben ist, ist allerdings ein spezieller Pinselreiniger erforderlich.

Farbmischtabelle:

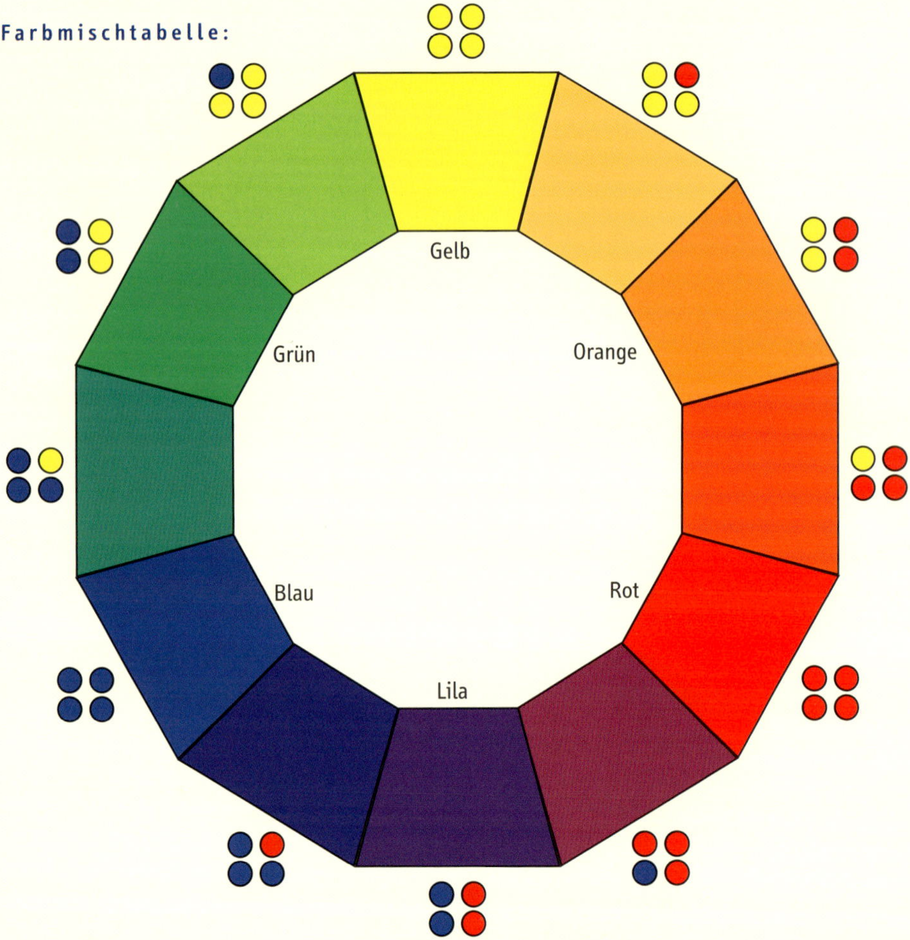

Dispersionsfarben und Acryllack

Anstelle von Acrylfarben können auch Dispersionsfarben in den Grundfarben bzw. als Voll- und Abtönfarbe verwendet werden. Das erfordert jedoch ein wenig Übung im Hinblick auf das Farbenmischen, ist aber keinesfalls schwierig. Bilder mit Dispersionsfarben werden nach dem Trocknen bzw. zum Schluss mit Acryllack überzogen.

Lackmalstifte und Permanentmarker

Nach dem Bemalen und Trocknen der Acryl- oder Dispersionsfarbe werden – falls nötig – mit einem Bleistift die Innenlinien der Motive noch einmal frei Hand oder mithilfe des Vorlagenbogens (bzw. der Vorlage auf Transparentpapier) leicht nachgezeichnet.
Danach werden alle Konturen gemäß Abbildung mit schwarzem Permanentmarker nachgezogen. Lackmalstifte und Permanentmarker gibt es in verschiedenen Stärken: Bei kleinen Bildern die dünnen, bei großen Motiven die dicken Stifte benutzen. Linien, die bis zum Rand der Keilrahmen-Vorderseite reichen, sollten über den schmalen Rand bis zur Rückseite hin fortgeführt werden, damit das Bild auch wirklich dekorativ wirkt.
Die Lichtreflexe auf den Augen, Schnäbeln, Nasen usw. mit weißem Lackmalstift auftragen, ebenso die Augäpfel. Wahlweise kann man für große Augenflächen auch Acrylfarbe verwenden.

Vorlagen übertragen

Prinzipiell kann man auf verschiedene Arten ein Motiv übertragen:

Mit Kohlepapier

Das Kohlepapier mit der beschichteten Seite nach unten auf den Keilrahmen bzw. das Sperrholz legen. Das gewählte Motiv des Vorlagenbogens in der richtigen Position mit Klebefilm am Keilrahmen bzw. Sperrholz befestigen. Mit einem spitzen, harten Bleistift die Konturen nachziehen.
Achtung! Die Linien nur zart vorzeichnen bzw. schon vor dem Bemalen so wegradieren, dass sie nur noch ganz leicht zu sehen sind! Wurde einmal die erste Farbschicht auf den Keilrahmen aufgetragen, kann nicht mehr radiert werden: Bei helleren Farben schimmert der Bleistift bzw. die Kohlelinie durch!

Mit Transparentpapier

Wenn man nicht direkt den Vorlagenbogen für die Konturenzeichnungen verwenden möchte, kann als Zwischenstufe Transparentpapier benutzt werden (falls wegen der Motivgröße nötig, zwei oder mehr Bogen zusammenkleben). Das Transparentpapier auf dem Vorlagenbogen platzieren und die Motive mit einem weichen Bleistift übertragen. Erst dann alle Linien mithilfe von Kohlepapier vom Transparentpapier auf den Keilrahmen oder das Sperrholz durchpausen.

Tipp: Wenn Sie es eilig haben, weil Sie nahezu in letzter Stunde ein Geschenk brauchen, oder wenn Sie gerade etwas Sperrholz parat haben, können Sie sämtliche Motive auch ohne den 3D-Effekt direkt auf den passenden Keilrahmen (oder Acrylkarton) malen! Dafür einfach die Vorlagen für die Holzteile exakt auf die Keilrahmenvorlage legen, mit Klebestreifen fixieren und alle Linien auf die Malfläche übertragen. Entsprechend der Abbildung ausmalen – fertig!

Außerdem können sämtliche Motive mithilfe eines Kopierers vergrößert oder verkleinert werden, je nach Größe des verfügbaren oder gewünschten Keilrahmens.

Frisch verliebt

→ von Herzen zweisam & glückselig

MATERIAL

- Keilrahmen, 20 cm x 30 cm
- Sperrholz, 4 mm stark, 25 cm x 35 cm
- Acrylfarbe in Weiß, Blau, Gelb, Rot und Braun

VORLAGEN-BOGEN 3A

1 Den Keilrahmen in Hellblau bemalen; dafür Weiß mit Blau direkt auf der Leinwand mischen. Der Himmel, also der obere, später unverdeckte Teil, sollte dabei besonders sorgfältig angelegt werden.

2 Die Herzkontur auf den Keilrahmen übertragen und mit Rot ausmalen. Ein paar weiße Effekte einarbeiten.

3 Das Liebespaar sowie die Nasen aus Sperrholz aussägen und schmirgeln. Die Nasen je nach Farbgefühl mit einem gemischten Rotton (z. B. Rot mit etwas Gelb oder Rot mit wenig Braun) bemalen und am oberen Rand mit dem Pinsel etwas weiße Farbe einarbeiten.

4 Hautfarbe aus Weiß, Gelb und etwas Rot mischen und die Gesichter damit bemalen. Für die Wangen einen Hauch Rot in die noch nasse Hautfarbe streichen. Die Haare des Mädchens in Gelb arbeiten und direkt auf dem Sperrholz mit wenigen Pinselspitzen Braun abtönen.

5 Nach dem Trocknen die Konturen aller Teile mit schwarzem Permanentmarker nachziehen und mit weißem Lackmalstift die Lichtpunkte der Augen aufsetzen.

6 Die Nasen auf die Gesichter und diese auf den Keilrahmen kleben.

Tipp: Machen Sie mit diesem Keilrahmen einer lieben Person ein persönliches Geschenk zum Hochzeitstag, Valentinstag oder einfach ganz spontan!

Krokodil mit Skatbrüdern

→ eine besondere Freundschaft

MATERIAL

- Keilrahmen, 30 cm x 40 cm
- Sperrholz, 4 mm stark, 10 cm x 15 cm
- Acrylfarbe in Weiß, Blau, Grün, Gelb, Orange, Rot und Braun

VORLAGEN-BOGEN 4B

1 Alle Konturen gemäß Vorlagenbogen auf den Keilrahmen übertragen. Den Himmel in Hellblau mit weißen Effekten bemalen.

2 Das Krokodil in Grün anlegen, stellenweise mit gelber Farbe aufhellen. Die Nasenlöcher dunkelgrün malen.

3 Für den Winkel des Mauls einen Tupfen rote Farbe in die noch feuchte grüne Farbe einarbeiten. Die Zähne weiß anmalen und mit ein wenig gelber Farbe abtönen. Das harte Weiß der Augen durch einen Hauch Dunkelbraun mildern. Die Zunge rot anmalen und mit wenig Grün mischen; es entsteht ein bräunlicher Rotton.

4 Die Vögel und die Karten aussägen und schmirgeln. Wie abgebildet bemalen: den Körper bzw. die Federn mit Gelb, stellenweise mit Weiß aufgehellt, zu den Rändern hin mit wenig Orange vermischt. Für die Schnäbel Orange mit etwas Rot mischen.

5 Das Motiv gemäß Abbildung mit Lackmalstiften und Permanentmarkern verzieren. Die Augen der Küken sind mit weißem Lackmalstift, die Karten mit rotem und schwarzem Permanentmarker gezeichnet.

6 Die Beine der Vögel aufmalen, anschließend sämtliche Holzteile auf das Keilrahmenmotiv kleben.

Schmetterling im Tropenland

→ sonnig, heiter, beschwingt …

MATERIAL

- 4 Keilrahmen, je 10 cm x 10 cm
- Sperrholz, 4 mm stark, 6 cm x 11 cm
- Acrylfarbe in Weiß, Blau, Grün, Gelb, Orange, Rot und Lila

VORLAGEN-BOGEN 1B

1 Die Konturen der Blume auf die Keilrahmen übertragen. Den Himmel in zartem Hellblau, die Blätter entsprechend der Abbildung grün bemalen; hierfür Grün mit Weiß oder Gelb mischen und so verschiedene Grüntöne erzielen.

2 Das warme Gelborange der Blüte wird direkt auf der Leinwand aus Gelb mit Spuren von Orange und Rot gemischt. Nach dem Trocknen sowohl die Blüte als auch die Blätter mit schwarzem Permanentmarker und weißem Lackmalstift verzieren.

3 Den Schmetterling aussägen und schmirgeln. Den Körper mit Orange bemalen. Für einen Teil der Flügel Rot mit Weiß oder Gelb mischen. Für den anderen Teil Lila mit Weiß abtönen. Die Punkte mit orangefarbenem Lackmalstift zeichnen und nach dem Trocknen mit schwarzem Permanentmarker umranden. Mit rotem Permanentmarker die Nase einzeichnen. Einen weißen Lichtreflex setzen.

4 Den Schmetterling gemäß Abbildung und Vorlage mit Permanentmarker und Lackmalstiften verzieren und auf den Keilrahmen kleben. Die vier Bildteile mit jeweils 1 cm Abstand aufhängen.

Schnecken-Umzug

→ der ganz spezielle Haustransporter

MATERIAL

- Keilrahmen, 30 cm x 30 cm
- Sperrholz, 4 mm stark, 35 cm x 35 cm
- Acrylfarbe in Weiß, Blau, Grün, Gelb, Orange, Rot und Braun

VORLAGEN-BOGEN 3B+4A

1 Die Hintergrundmotive auf den Keilrahmen übertragen.

2 Die Blume in Weiß malen, dabei direkt auf der Leinwand mit Gelb mischen. Die Blumenmitte mit Orange anlegen; Weiß und Gelb einarbeiten, um einen schönen Farbverlauf zu erzielen.

3 Die einzelnen Grashalme in verschiedenen Grüntönen malen, indem je nach Wunsch mal Gelb, mal Weiß hinzugefügt werden. Den Haushintergrund blau streichen.

4 Das Männchen gemäß Vorlage einzeichnen. Alle Konturen auf dem Keilrahmen mit schwarzem Permanentmarker fertig stellen.

5 Die Schnecke mit Haus sowie die beiden Fensterläden aussägen. In die Fensterfläche ein Loch bohren, das Sägeblatt aus der Säge ausspannen, durch das Loch fädeln, wieder einspannen und die Fensterscheibe aussägen. Alle Holzteile schmirgeln.

6 Das Haus in Weiß mit hellblauen Schattierungen bemalen. Die Fensterläden braun streichen, für das Dach einen dunklen Rotton mischen und den Schneckenkörper mit Orangetönen bemalen.
Die Wange mit einem Hauch roter Farbe im noch feuchten Orange anlegen.

7 Die Holzteile mit schwarzem Permanentmarker und weißem Lackmalstift verzieren. Die Fensterläden aufkleben. Das Holzmotiv auf dem Keilrahmen fixieren.

Tipp: Schenken Sie diesen Keilrahmen guten Freunden zum Einzug ins neue Zuhause!

Dreiergespann

→ witzige Schnäuzchenparade

MATERIAL

- je 1 Leinenmalkarton, 18 cm x 24 cm (Kuh), 13 cm x 18 cm (Schwein) und 10 cm x 15 cm (Gans)
- Sperrholz, 4 mm stark, 18 cm x 50 cm
- Acrylfarbe in Weiß, Gelb, Orange, Rot und Dunkelbraun

VORLAGEN-BOGEN 3A

Kuh

1 Den Karton in Braun, mit viel Weiß gemischt, bemalen. Die dunkelbraunen Hautflecken in den Ecken auftragen. Beim Mundwinkel etwas Rot in das noch feuchte Hellbraun einarbeiten.

2 Die Schnauze aussägen. Je ein Loch in die Flächen der Nasenlöcher bohren. Das Sägeblatt ausspannen, durch das erste Loch führen, wieder einspannen und das Loch aussägen; beim zweiten Nasenloch ebenso verfahren. Dann alle Teile schmirgeln.

3 Die Schnauze mit Weiß und wenig Dunkelbraun tönen und die Fliege mit schwarzem Permanentmarker in das Nasenloch malen. Ihre Augen und Flügel mit weißem, die Nase mit rotem Lackmalstift einzeichnen. Die Pupillen nach vollständigem Trocknen mit Permanentmarker auftragen.

4 Die fehlenden schwarzen Konturen wie abgebildet ergänzen und die Schnauze aufkleben.

Schwein

1 Aus Weiß und wenig Rot einen zarten Rosaton mischen und auf den Malkarton auftragen, dabei die Farben möglichst direkt auf dem Karton ineinander verstreichen. Beim Mundwinkel etwas mehr Rot auftragen.

2 Den Rüssel und die Nasenlöcher – wie bei der Kuh beschrieben – aussägen. Dann mit Weiß und sehr wenig Rot bemalen. Augen und Maul mit schwarzem Permanentmarker und weißem Lackmalstift einzeichnen. Den Rüssel aufkleben.

Gans

1 Den Malkarton in Weiß grundieren und etwas Gelb einarbeiten. Dabei mit dem Pinsel der Rundung des Schnabels folgen. An der Stelle, an der die Nasenlöcher sein sollen, den Malkarton mit Orange bemalen.

2 Den Schnabel aus Sperrholz vorbereiten. Die Nasenlöcher, wie bei der Kuh beschrieben, aussägen, den Schnabel schmirgeln und gelb anmalen. In die noch feuchte gelbe Farbe Spuren von Orange einarbeiten.

3 Augen und Mund mit schwarzem Permanentmarker zeichnen, die Augenpunkte mit weißem Lackmalstift auftragen. Schließlich den Schnabel aufkleben.

Rendezvous

→ Hase trifft Schneemann

1 Das Motiv auf den Keilrahmen übertragen. Sämtlich Holzteile aussägen und schmirgeln.

2 Den Hasenkopf auf dem Keilrahmen und die Hände aus Sperrholz gleichzeitig bemalen, um möglichst denselben Braunton zu erzielen, wenn in das Braun etwas Gelb oder Rot gemischt wird. Für Schattierungen, z. B. in den Ohren, etwas Gelb und Weiß einarbeiten.

3 Den Schneemann in Weiß bemalen und mit etwas Gelb abtönen. Den Schal in Rot anlegen, den Hut mit schwarzer Farbe, das Hutband grün bemalen.

4 Für die Hasennase aus Sperrholz Rot mit Weiß mischen. In die zunächst orangefarbene Karotte einen Klecks Rot einarbeiten.

5 Nach dem Trocknen das Motiv mit schwarzem Permanentmarker und weißem Lackmalstift verzieren und die Holzteile der Vorlage und Abbildung entsprechend aufkleben.

MATERIAL

- Keilrahmen, 20 cm x 20 cm
- Sperrholz, 4 mm stark, 7 cm x 17 cm
- Acrylfarbe in Schwarz, Weiß, Grün, Gelb, Orange, Rot und Braun

VORLAGEN-BOGEN 4A

Fliegenfresserpflanze

→ lass es dir schmecken!

MATERIAL
- Keilrahmen, 20 cm x 20 cm
- Sperrholz, 4 mm stark, 20 cm x 20 cm
- Acrylfarbe in Weiß, Blau, Grün, Gelb und Rot

VORLAGEN-BOGEN 1 B + 4 B

1 Den Keilrahmen hellblau bemalen; dafür Weiß mit etwas Blau direkt auf der Leinwand verstreichen: So entstehen sowohl blaue als auch weiße Linien im Himmel. Trocknen lassen.

2 Den Fliegenkörper mit schwarzem Permanentmarker zeichnen, die Augen und Flügel mit weißem Lackmalstift auftragen, trocknen lassen; dann die Pupillen mit Permanentmarker einsetzen und die schwarzen Flügelkonturen bzw. „Fluglinien" ergänzen.

3 Die Blume und die beiden Augäpfel aussägen und schmirgeln. Die Blüte mit Rot bemalen. Für die Kelchblätter Grün mit Gelb tönen, für den Stiel das Grün mit wenig Weiß aufhellen. Die Augäpfel weiß bemalen.

4 Alle Teile mit schwarzem Permanentmarker verzieren. Augenstiele direkt auf den Keilrahmen zeichnen. Die Pflanze mitsamt den Augäpfeln aufkleben.

Was gibt's denn da zu sehen?

→ cool mit Sonnenbrille

MATERIAL

- Keilrahmen, 20 cm x 20 cm
- Sperrholz, 4 mm stark, 25 cm x 30 cm
- Acrylfarbe in Weiß, Gelb und Orange

VORLAGEN-BOGEN 4A

1 Auf den Keilrahmen mit Kohlepapier die fünf oben sitzenden Küken übertragen. Jedes Küken in einem anderen Gelbton bemalen. Bei hellen Küken weiße Farbe als Basis verwenden und direkt auf der Leinwand Gelb dazumischen. Bei den dunkleren Küken von Gelb ausgehen und Orange einarbeiten. Darauf achten, dass die Farbe jeweils leicht über die (auf dem Vorlagenbogen gestrichelte) Begrenzungslinie hinausgeht, damit nach dem Aufkleben der Holzteile keine weißen Ränder zu sehen sind.

2 Die Schnäbel mit Orange anmalen und mit Gelb oder Weiß abtönen.

3 Die beiden Sperrholzteile und die Sonnenbrillengläser aussägen und schmirgeln. Auf dem größeren Holzteil gemäß Vorlagenbogen nur die beiden oberen Hühner anlegen. Das kleinere Teil mit den drei Küken in vorderster Reihe gemäß Abbildung komplett bemalen.

4 Die Brillengläser schwarz bemalen und nach dem Trocknen mit weißem Lackmalstift Linien in Form eines „J" einzeichnen. Die Brillenbügel und alle anderen Linien mit schwarzem Permanentmarker auftragen. Weitere Effekte mit weißem Lackmalstift (Schnäbel, Lichtpunkte der Augen) einzeichnen.

5 Die Kükenreihen gemäß Abbildung und Vorlagenbogen aufeinander kleben, zuletzt die Sonnenbrille anbringen.

Bremer Stadtmusikanten

→ die passen auch in andere Städte!

MATERIAL
- Keilrahmen, 30 cm x 70 cm
- Sperrholz, 4 mm stark, 80 cm x 1 m
- Acrylfarbe in Schwarz, Weiß, Orange, Rot, Rotbraun und Dunkelbraun

VORLAGEN-BOGEN 2 A + 2 B

1 Den Keilrahmen in Orange anlegen; dabei den schmalen Rand nicht vergessen und vor allem im oberen, später sichtbar bleibenden Teil ein paar helle Effekte mit Weiß einarbeiten. Die Pinselführung sollte dabei waagrecht sein.

2 Alle vier Tiere gemäß Vorlagenbogen aus Sperrholz aussägen und schmirgeln. Die Maße jeweils exakt auf den Keilrahmen abstimmen.

3 Den Esel grau bemalen: Ein lebendiger Grauton entsteht, wenn stellenweise mehr Weiß oder kleinste Spuren von Schwarz hinzugefügt werden.
Die Haare mit Schwarz auftragen. Die Innenfläche der Ohren in dunklerem Grau anlegen.

4 Beim Hund die Ohren dunkelbraun bemalen, für das Gesicht viel Weiß mit wenig Dunkelbraun mischen. Den Augenfleck in Dunkelbraun mit etwas Weiß malen und die Nase in Schwarz anlegen, nach dem Trocknen einen Lichteffekt in Weiß auftragen.

5 Für die Katze Rotbraun verwenden, wobei die Farbe für die Tigerstreifen und Ohrflächen mit wenig Dunkelbraun gemischt wird. Die Fellstruktur mit Spuren weißer Farbe einmalen. Dann die schwarze Nase einfügen.

6 Beim Hahn den Körper zunächst mit Weiß bemalen und in die feuchte Farbe Effekte in Orange streichen. Für den Kamm und Kehllappen Rot verwenden, beim Schnabel Orange mit Rot mischen.

7 Alle Teile gemäß Abbildung und Vorlage mit schwarzem Permanentmarker und weißem Lackmalstift verzieren. Sämtliche Tiere der Reihe nach auf den Keilrahmen kleben: Zuerst den Esel, zuletzt den Hahn aufkleben.

Tipp: Beim Bearbeiten großer Flächen trocknet die Farbe manchmal, bevor man die Abtönungen richtig hinzufügen und verstreichen kann. Die Farbverläufe wirken dann nicht harmonisch. Bei großen Flächen also von Vornherein die Farbe mit ein wenig Wasser verdünnen, damit sie nicht so schnell trocknet.

Störung beim Mittagsschläfchen

→ wer ärgert hier wen?

MATERIAL

- 3 Keilrahmen, je 10 cm x 10 cm
- Sperrholz, 4 mm stark, 15 cm x 20 cm
- Acrylfarbe in Weiß, Blau, Grün, Gelb, Rot und Braun

VORLAGENBOGEN 3B

1 Die Trennlinie zwischen Gras und See auf alle drei Keilrahmen übertragen. Den See hellblau, das Gras grün bemalen; hierbei jeweils Weiß mit Blau bzw. Grün mit Gelb direkt auf der Leinwand mischen und verstreichen. Trocknen lassen. Die Konturen der Grashalme und die Linien auf dem Wasser auf alle drei Keilrahmen übertragen und mit schwarzem Permanentmarker nachziehen. Auf das dritte Bild die Froschhand in Gelbgrün malen.

2 Alle Holzteile aussägen, schmirgeln und bemalen: Für den Frosch Gelb mit Grün verwenden und die Augen in Weiß auftragen. Für den Käferkopf Rot, Braun und viel Weiß mischen. Als Nase einen roten Tupfen aufmalen, den Körper rot anlegen. Alle Teile gemäß Vorlagenbogen und Abbildung mit schwarzem Permanentmarker und weißem Lackmalstift verzieren.

3 Die Holzteile auf die Keilrahmen kleben.

Emmentaler für die Maus

→ so ein (schöner) Käse!

MATERIAL

- Keilrahmen dreieckig, ca. 56 cm breit und 28 cm hoch
- Sperrholz, 4 mm stark, 30 cm x 60 cm
- Acrylfarbe in Schwarz, Weiß, Gelb, Orange und Rot

VORLAGEN-BOGEN 1A+1B

1 Das Käsedreieck entsprechend der exakten Keilrahmengröße aus Sperrholz aussägen und die ovalen Markierungen übertragen. Für die Käselöcher jedes Oval anbohren. Das Sägeblatt ausspannen, durch das erste Bohrloch fädeln, wieder in die Säge einspannen und die Fläche aussägen. Ebenso mit den anderen Löchern verfahren.

2 Die Sperrholzplatte gelb bemalen. Stellenweise während des Anmalens etwas weiße Farbe auf den Pinsel nehmen, um eine lebendige gelb-weiße Fläche zu erzielen.

3 Die Umrisse der Mäuse-Details auf den Keilrahmen übertragen. Vor dem Bemalen prüfen, ob die Löcher der Holzplatte auch passend über den Motiven liegen.

4 Die Lochfläche jeweils in Gelb-Orange bemalen – außer das Loch mit den Augen, das in Grau angelegt wird. Dabei jeweils etwas über den Rand der Ovale hinausmalen, damit nach dem Aufkleben des Sperrholzdreiecks keine helleren Ränder hervorblitzen. Auch die Seitenränder des Keilrahmens gelb bemalen.

5 Nach dem Trocknen des gelben Untergrunds die Mäusemotive mit allen Einzelheiten einfügen: Die Mäuse in hellem Grau malen; sehr sparsam Schwarz und Rot für die Farbeffekte an den Seiten, den Ohrinnenflächen oder am Schnäuzchen hinzumischen.

6 Nach dem Trocknen die Motive mit schwarzem Permanentmarker und weißem Lackmalstift fertig stellen und verzieren. Das Käsedreieck auf den Keilrahmen kleben.

Teddy und die Ameisenstraße

→ Kitzeln gefällig?

MATERIAL

- Keilrahmen, 18 cm x 24 cm
- Sperrholz, 4 mm stark, 12 cm x 18 cm
- Acrylfarbe in Weiß, Grün, Gelb, Rot und Braun

VORLAGEN-BOGEN 1A

1 Das Motiv auf den Keilrahmen übertragen und anschließend den Hintergrund grün bemalen: Dafür Gelb und Grün direkt auf der Leinwand mischen und mit waagrechter Pinselführung verstreichen.

2 Den Bären in verschiedenen Brauntönen anlegen; dabei Braun mal mit Gelb, mal mit Rot oder Weiß mischen und die Farbtöne auf der Leinwand zu einer lebendigen, changierenden Oberfläche verstreichen. Bei den Wangen etwas rote Farbe in das noch feuchte Braun einarbeiten, die Ohrinnenflächen mit Weiß aufhellen.

3 Nase und Fuß aussägen und schmirgeln. In verschiedenen dunkleren Brauntönen bemalen, indem mit Rot oder Gelb (oder beim Fuß mit einem Hauch Grün) gemischt wird.

4 Alles gemäß Abbildung mit schwarzem Permanentmarker konturieren und verzieren. Die Ameisen zeichnen, Augen mit weißem Lackmalstift aufsetzen. Gut trocknen lassen, dann die Pupillen mit Permanentmarker auftupfen.

5 Die Holzteile auf den Keilrahmen kleben.

Dumm gelaufen!

→ der Klügere gibt nach?

MATERIAL

- Keilrahmen, 20 cm x 30 cm
- Sperrholz, 4 mm stark, 15 cm x 30 cm
- Acrylfarbe in Schwarz, Weiß, Grün, Gelb, Orange und Braun

VORLAGEN-BOGEN 4B

1 Den Keilrahmen grün-schattiert bemalen: Dabei den Pinsel waagrecht führen; Grün mit Gelb und Weiß direkt auf der Leinwand mischen und so verstreichen, dass eine lebendige Oberfläche entsteht. Achtung, die Fläche für die Maus frei lassen!

2 Die Maus in hellem Grau anlegen und stellenweise eine winzige Spur Schwarz hinzufügen. Nach dem Trocknen mit schwarzem Permanentmarker und weißem Lackmalstift (Augen) verzieren.

3 Die Pfote und drei Krallen aussägen und schmirgeln. Die Tatze gelb bemalen; am Rand und zwischen den Zehen mit Orange schattieren.

4 Braune Tigerstreifen auf das Bein malen: Dafür mit einem ca. 8 mm breiten Borstenpinsel sehr wenig Farbe aufnehmen und jeweils Striche von der Mitte aus in Richtung Rand ziehen. Die Krallen in Grau-Braun, mit viel Weiß vermischt, bemalen.

5 Nach dem Trocknen alle Teile mit schwarzem Permanentmarker verzieren. Die Krallen auf die Pfote und diese wiederum der Vorlage entsprechend auf den Keilrahmen kleben.

Spinnenalarm!

→ alles Gute kommt von oben ...?

MATERIAL

- Keilrahmen, 18 cm x 24 cm
- Sperrholz, 4 mm, 18 cm x 24 cm
- Acrylfarbe in Schwarz, Weiß, Blau, Gelb und Rot

VORLAGEN-BOGEN 1A

1 Den Keilrahmen in Hellblau grundieren; dabei Weiß und Blau direkt auf der Leinwand mischen und mit waagrechter Pinselführung zu einer lebendigen Oberfläche verstreichen.

2 Das Spinnenmotiv auf den Keilrahmen übertragen. Für den Körper der Spinne aus Weiß und Schwarz ein Dunkelgrau mischen. Die Nase mit Rot auftragen. Das Tier nach dem Trocknen mit schwarzem Permanentmarker und weißem Lackmalstift fertig stellen.

3 Kopf und Nase des Jungen aussägen und schmirgeln. Für die Hautfarbe Weiß mit Gelb und sehr wenig Rot vermischen. Die Wange mit einem Tupfen roter Farbe auftragen.

4 Die Sperrholznase rot anmalen. Am oberen Rand eine winzige Menge schwarzer Farbe einarbeiten und dabei den Pinsel entlang dem Rand führen. Die Nase auf das Gesicht kleben und die Augen mit weißem Lackmalstift zeichnen. Gut trocknen lassen.

5 Zum Schluss mit Permanentmarker die schwarzen Linien ergänzen und das Gesicht auf den Keilrahmen kleben.

Frisch geschlüpft

→ willkommen im Leben!

1 Alle drei Keilrahmen samt Rändern in hellem Apfelgrün bemalen; hierfür Gelb mit sehr wenig Grün und Weiß mischen. Trocknen lassen.

2 Auf einen der Keilrahmen das Küken gemäß Vorlage übertragen. Den Körper gelb bemalen, für den Schnabel Gelb mit Rot direkt auf der Leinwand mischen.

3 Aus Sperrholz zwei Eier sowie ein oben angebrochenes Ei gemäß Vorlage aussägen und schmirgeln. In eines der beiden ersten Eier die Wellenlinie sägen; danach das Sägeblatt festhalten und vorsichtig rückwärts aus dem Holz ziehen.

4 Mit weißer Farbe alle Eier bemalen, dabei Spuren von gelber Farbe zur Abschattierung einarbeiten.

5 Nach vollständigem Trocknen das Küken mit schwarzem Permanentmarker und weißem Lackmalstift (Lichtfleck auf dem Schnabel) vervollständigen. Die Eierschalen aufkleben.

Tipp: Beschriften Sie das Ei mit dem Namen und dem Geburtsdatum eines Babys. Schon haben Sie ein schönes Geschenk für die frisch gebackenen Eltern!

MATERIAL

- 3 Keilrahmen, je 10 cm x 10 cm
- Sperrholz, 4 mm stark, 10 cm x 30 cm
- Acrylfarbe in Weiß, Grün, Gelb und Rot

VORLAGENBOGEN 2B

DIESES BUCH ENTHÄLT 4 VORLAGENBOGEN

IMPRESSUM

FOTOS: frechverlag GmbH, 70499 Stuttgart; Fotostudio Ullrich & Co., Renningen
DRUCK: frechdruck GmbH, 70499 Stuttgart

Wir danken der Firma Nerchau Mal- und Künstlerfarben, Lacufa GmbH, Nerchau, für die Bereitstellung der Keilrahmen.

Auflage:	5.	4.	3.	2.	1.	
Jahr:	2009	2008	2007	2006	2005	[Letzte Zahlen maßgebend]

ISBN 3-7724-3406-1
Best.-Nr. 3406